Inhalt

Das Glühlampen-Verbot - Wirklich ein Sieg für die Umwelt?

Kernthesen

Beitrag

Fallbeispiele

Weiterführende Literatur

Impressum

Das Glühlampen-Verbot - Wirklich ein Sieg für die Umwelt?

I.Zeilhofer-Ficker

Kernthesen

- Ab September 2009 sollen schrittweise alle Glühlampen vom europäischen Markt verschwinden.
- Die EU-Politiker erhoffen sich hierdurch Stromeinsparungen von 40 Milliarden Kilowattstunden was eine Reduzierung der Kohlendioxidemissionen um 15 Millionen Tonnen bedeuten würde.
- Die als Ersatz vorgesehenen Energiesparlampen stehen allerdings in der Kritik der Verbraucher und der Experten.

Beitrag

Ob Thomas Alva Edison geahnt hat, dass die Erfindung, die er 1880 zum Patent anmeldete, 130 Jahre später in fast jedem Haushalt der Welt zu finden sein würde? Mit der Entwicklung der Glühlampe ebnete er den Weg, um die Nacht zum Tag zu machen. Doch nun wollen EU-Politiker dem Licht aus der Glühbirne den Todesstoß versetzen.

Umweltsünder Glühbirne

Obwohl uns die vertraute Glühbirne als Lichtquelle längst ans Herz gewachsen ist betrachtet man sie unter Umweltgesichtspunkten, so kann man sie nur als mangelhaft bezeichnen. Denn nur fünf Prozent des elektrischen Stroms, den so eine Glühlampe verbraucht, setzt sie in Lichtenergie um, der Rest wird als Wärme an den Glaskörper und von dort an die Umgebung abgegeben. 3,5 Milliarden Glühbirnen sind allein in Europa im Einsatz. Etwa die Hälfte davon muss jedes Jahr erneuert werden. Nach Plänen der EU-Politiker sollen die Glühbirnen ab September 2009 Zug um Zug durch Energiesparlampen ersetzt werden, die 60 bis 85 Prozent weniger Strom verbrauchen. (1), (2)

Denn rund 14 Prozent des europäischen

Energieverbrauchs wird Jahr für Jahr durch die Beleuchtung verursacht. Würden alle Glühbirnen durch Energiesparlampen ersetzt, so könnte man 40 Milliarden Kilowattstunden an Strom immerhin die Leistung von zehn mittelgroßen Kraftwerken einsparen. Die Umwelt würde dadurch jährlich von 15 Millionen Tonnen Kohlendioxid verschont. (3), (4), (12)

Grund genug für die EU-Politiker, das Ende der Glühbirne zu beschließen. Anfang Dezember 2008 einigte sich der Ökodesign-Ausschuss der EU auf ein schrittweises Verbot der Glühlampen. Ab September 2009 sollen alle matten und alle klaren 100-Watt-Lampen verboten werden, ein Jahr später sollen die 75-Watt-Lampen folgen. 2011 ist dann Schluss für alle Glühbirnen mit 60 Watt Leistung und ab 2012 dürfen gar keine Glühlampen mehr in den Verkauf gebracht werden. Dieser Plan muss allerdings noch vom EU-Parlament abgesegnet werden. Dessen Zustimmung gilt allerdings als sicher. (1), (4), (5)

Für den Verbraucher heißt es also Energiesparlampen kaufen. Die sind mit einem Preis von ab neun Euro pro Stück zwar fast zehnmal so teuer wie die konventionelle Glühbirne, verbrauchen aber wesentlich weniger Strom. So soll sich der Kauf einer Energiesparlampe bereits nach einem Jahr amortisiert haben. Dadurch und durch die etwa sechsfach längere Lebensdauer lassen sich pro Haushalt jährlich zwischen 50 und 250 Euro an Stromkosten einsparen. (2), (3), (6)

Energiesparlampen keine wirklich gute Alternative

Da Milliarden Menschen sich nicht von heute auf morgen von all ihren Lampen und Leuchten trennen wollen, musste ein alternativer Leuchtkörper entwickelt werden, der in konventionelle Schraubfassungen eingesetzt werden kann. Die Firma Osram erfand im Jahr 1985 eine Leuchtstoffröhre, die in der Form der Glühlampe angepasst ist. Licht wird durch Gasentladung erzeugt wozu kleine Mengen an Quecksilber erforderlich sind. Da dieses Quecksilber hochgiftig ist, müssen Energiesparlampen eigentlich als Sondermüll entsorgt werden. Noch wandern 70 Prozent aller defekten Lampen aber in den Hausmüll und vergiften über die Müllverbrennung die Luft. Auch sind Vergiftungen durch im Haushalt zerbrochene Lampen nicht auszuschließen. Umwelt- und Verbraucherschützer fordern deshalb ein Pfandsystem für Energiesparlampen, damit die Quote für eine sachgemäße Entsorgung verbessert werden kann. (7)

Aber es gibt noch mehr Nachteile der Energiesparlampen. Wie Untersuchungen von Öko-Test ergeben haben, ist bei vielen dieser Lampen die tatsächliche Stromeinsparung wesentlich geringer als vom Hersteller angegeben. Vor allem die Billigfabrikate, die man beim Discounter erhält, lassen zu wünschen übrig. Zudem liefern die laut Hersteller gleichwertigen Sparlampen real einen geringeren Lichtstrom als entsprechende Glühbirnen. Ein Dimmen ist nur mit Speziallampen möglich. Das Sparlicht wird zudem als unnatürlich und kalt empfunden und das nicht bewusst wahrnehmbare Flackern des Lichts kann zu gesundheitlichen Problemen wie Kopfschmerz, Schwindel und Unwohlsein führen. (7), (8)

Viele Experten und Verbraucher lehnen daher die Energiesparlampen kategorisch ab, obwohl sich durch qualitativ hochwertige Lampen sicher Geld sparen ließe. Die Hersteller begegnen diesen Vorwürfen mit der Feststellung, dass die Quecksilberbelastung der Luft durch den höheren Stromverbrauch von konventionellen Glühbirnen wesentlich höher sei, als durch eine unsachgemäße Entsorgung der Energiesparlampen. Außerdem werden Weiterentwicklungen von dimmbaren und warmweißen Sparlampen auf den Markt gebracht. (1), (4)

Leuchtdioden die Beleuchtung der Zukunft?

Energiesparlampen werden also nur als Übergangslösung angesehen. Wesentlich mehr Potenzial sehen Experten in Beleuchtungskonzepten mit Leuchtdioden (LED = Lichtemittierende Diode). Das sind Halbleiterbauteile, die unter Strom Licht erzeugen. Die Farbe des Lichtes, möglich sind rot, gelb, grün und blau, ist vom Halbleitermaterial abhängig. Durch eine zusätzliche Leuchtschicht kann weißes Licht erzeugt werden. Vielfältige Lichtkonzepte sind vor allem mit OLEDs (= organische Leuchtdioden) vorstellbar. Diese einer Plastikfolie ähnlichen Leuchtkörper lassen sich wie Tapeten an Wände kleben und erzeugen dort ein großflächiges, sanftes Licht. (9)

LED-Lichtkonzepte lassen sich aber nur unter schwierigsten Umständen in konventionelle Fassungen einpassen. Für den Masseneinsatz ist deshalb die Entwicklung neuer Lampen- und Beleuchtungskonzepte erforderlich. Für einen optimalen und sinnvollen Einsatz von LEDs ist möglicherweise die Anpassung der gesamten Stromversorgung eines Gebäudes notwendig. In Neubauten wurden maßgeschneiderte LED-Beleuchtungen bereits verwirklicht, als Substitution für die Glühbirne kann diese Technik aber (noch) nicht dienen. (10)

Eine langfristige Alternative sind LEDs aber auf jeden Fall man geht davon aus, dass LEDs in 20 Jahren 70 Prozent des Beleuchtungsmarktes abdecken werden. Denn ihr Stromverbrauch ist ähnlich niedrig wie der von Energiesparlampen, bei entsprechender Kühlung ist ein Dauerbetrieb über Jahrzehnte hinweg erreichbar. Ein Austauschen des Leuchtmittels dürfte damit kaum noch nötig sein. (10), (13)

Fallbeispiele

Hess Natur hat seine Filiale in Hamburg mit einem kostengünstigen, ökologischen Beleuchtungskonzept ausgestattet. Die Hochdruck-Metall-Halogen-Dampflampen von Philips Lighting sorgen für eine vorteilhafte Beleuchtung der angebotenen Mode sowie eine natürliche Farbwiedergabe. Dafür werden pro Quadratmeter Ladenfläche nur 35 Watt Stromverbrauch gemessen. (12)

Bei Osram kann man über einen Online-Lichtberater ausrechnen, wie viele LED-Leuchten für einen bestimmten Raum erforderlich sind. Bei einem Stromverbrauch von etwa der Hälfte einer Halogenlampe amortisieren sich die Anschaffungskosten schnell. (12)

Um auf dem High-Power-LED-Markt erfolgreich zu sein, gehen die Marktführer und Patentinhaber untereinander Allianzen ein. Osram arbeitet seit einem Jahr mit Toyoda-Gosei zusammen, dieser kooperiert wiederum mit TridonicAtco und Cree. Edison kauft wiederum bei Cree und Epistar. Die südostasiatischen Anbieter können nicht nur günstig produzieren, sie haben auch ein anerkannt hohes Fachwissen über die Fertigungs-, Verbindungs- und Gehäusetechnik von LEDs. (13)

Weiterführende Literatur

(1) EU gibt der Glühbirne noch drei Jahre Galgenfrist
Schrittweises Verbot der Stromfresser bis 2012 beschlossen
aus Financial Times Deutschland vom 08.12.2008, Seite 12

(2) Ein Licht geht aus
aus Süddeutsche Zeitung, 09.12.2008, Ausgabe Bayern, S. 9

(3) Auslaufmodell Glühbirne

aus Kölner Stadtanzeiger, 11.12.2008

(4) Eine warmweiße Verheißung
aus Süddeutsche Zeitung, 10.12.2008, Ausgabe München, Deutschland, Bayern, S. 12

(5) EU besiegelt das Ende der klassischen Glühbirne
aus Handelsblatt Nr. 239 vom 09.12.08 Seite 11

(6) Leuchtdioden sind die Zukunft
aus Rheinische Post Nr. 289 vom 10.12.2008

(7) Brüssel im Zwielicht
aus "Der Standard" vom 12.12.2008 Seite: 31

(8) Verbraucher Service: Energiesparlampen im Test - Schlechter als ihr Ruf
aus WIRTSCHAFTS-INFORMATIONS-DIENST ENERGIE Nr.40 vom 03.Oktober 2008

(9) Dioden gehört die Zukunft in den Praxen
aus Ärzte Zeitung Nr. 129 vom 15.07.2008, Seite 11

(10) Die Technologie-Umstellung hat viele Aspekte
LED statt Birne ja bitte, aber wie?
aus Markt & Technik, Heft 37/2008, S. 18

(11) Scherbengericht Brüssel hat den Siechtod der Glühbirne beschlossen. Die Hersteller trauern ihr kaum nach. Zwar dürfte der Absatz der langlebigeren Nachfolger niedriger sein. Die Margen sind dafür erfreulich
aus Financial Times Deutschland vom 09.12.2008,

Seite 4

(12) Leuchten fürs KlimaEnergiekosten: Beratungskompetenz am PoS
aus Handelsjournal Nr. 10 vom 15.10.2008 Seite 038

(13) Das Marktsegment LED-Beleuchtung wächst mit 35 Prozent pro Jahr am stärksten Heißer Markt für kalte Lichter
aus Markt & Technik, Heft 49/2008, S. 48

Impressum

Das Glühlampen-Verbot - Wirklich ein Sieg für die Umwelt?

Bibliografische Information der deutschen Nationalbibliothek

Die Deutsche Nationalbibliothek verzeichnet diese Publikation in der deutschen Nationalbibliografie; detaillierte bibliografische Daten sind im Internet über http://dnb.d-nb.de abrufbar.

ISBN: 978-3-7379-1495-6

© 2015 GBI-Genios Deutsche Wirtschaftsdatenbank GmbH, Freischützstraße 96, 81927 München, www.genios.de

Alle Rechte vorbehalten. Dieses Werk ist einschließlich aller seiner Teile – z.B. Texte, Tabellen und Grafiken - urheberrechtlich geschützt. Jede Verwertung außerhalb der Grenzen des Urheberrechtsgesetzes bedarf der vorherigen Zustimmung des Verlags. Dies gilt insbesondere auch für auszugsweise Nachdrucke, fotomechanische Vervielfältigungen (Fotokopie/Mikroskopie), Übersetzungen, Auswertungen durch Datenbanken oder ähnliche Einrichtungen und die Einspeicherung und Verarbeitung in elektronischen Systemen.